LA UIE

DE

SAINCT PAIR

EUESQVE D'AURANCHES

PAR

RÉNÉ BENOIST

CVRÉ DE SAINCT-EVSTACHE

Doctevr en la sacrée théologie de Paris,

PUBLIÉE ET ANNOTÉE POUR LA PREMIÈRE FOIS D'APRÈS UN
MANUSCRIT CONSERVÉ PAR M. ANSELME SÉGUIN

PAR

VICTOR ARMAND BRUNET

Membre de plusieurs sociétés archéologiques françaises
et étrangères.

ABBEVILLE

IMPRIMERIE BRIEZ, C. PAILLART ET RETAUX

—

1869

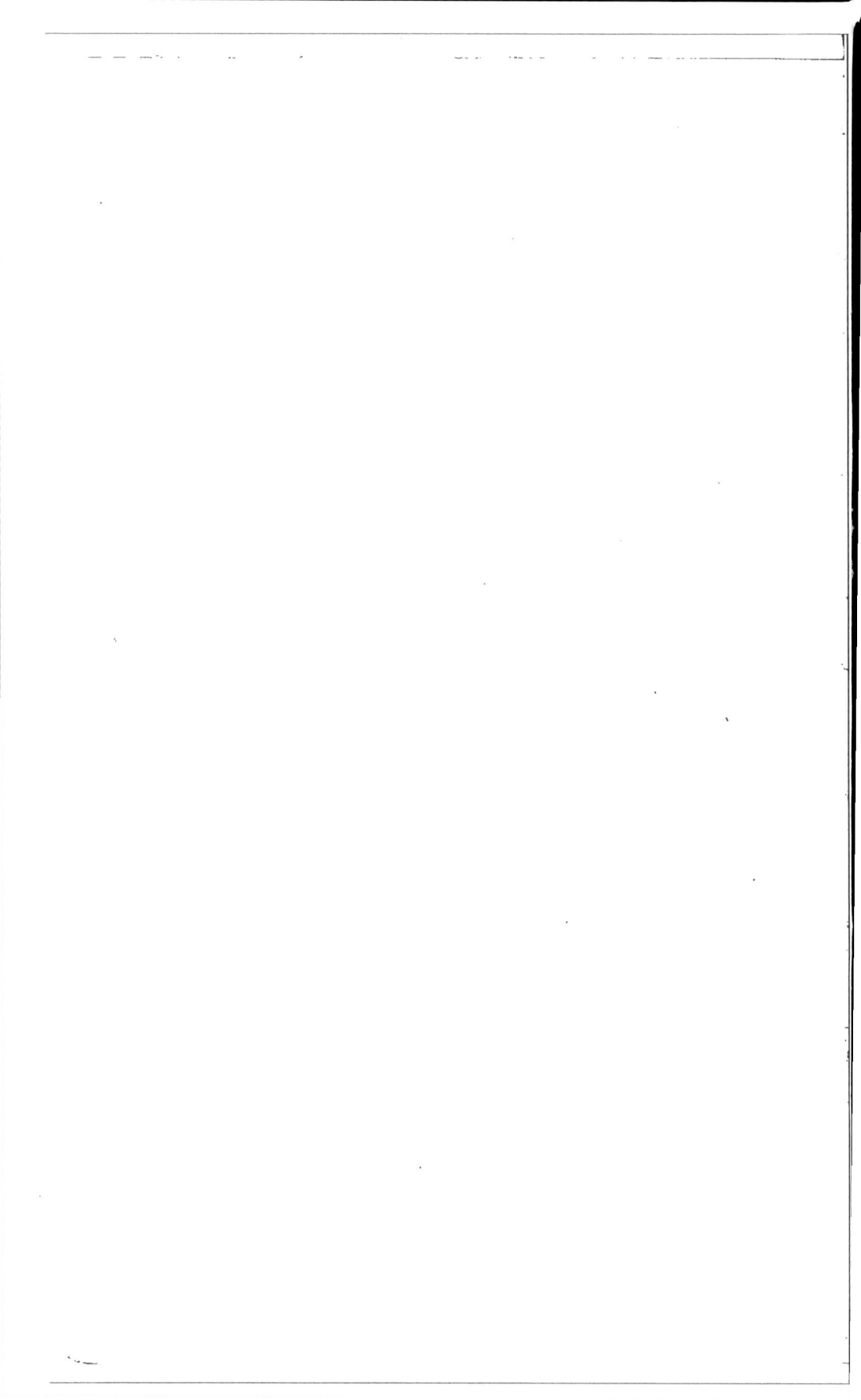

Saint Pair ou Paterne est aussi célèbre dans l'A—
vranchin que l'est saint Ortaire dans l'arrondissement
de Vire. C'est un des premiers apôtres de notre belle
Normandie, un de ceux qui apportèrent le flambeau
de la foi à ces peuplades qui habitaient autrefois
cette partie de la Gaule, aujourd'hui Normandie.
Aussi avons-nous cru devoir publier cette notice
(quoique les notices sur saint Pair pullulent), écrite
par un curé de Saint-Eustache, René Benoist, et con-
servée, par M. Anselme Séguin, membre de la société
viroise d'émulation, celui-ci ayant bien voulu nous
la communiquer, nous la donnons aujourd'hui telle
que son auteur l'a écrite avec quelques notes que
nous avons cru devoir y ajouter.

V. A. B.

Vire, 22 décembre 1868.

LA UIE DE SAINCT PAIR

Sainct Pair fvt né à Poitiers, uille d'Acqvitaine, de parents nobles qvi ont avtrefois ev le maniement des affaires ciuiles et politiqves (1), icelvi dès son ievne âge abandonna ses parents et se retira à vn monastère dit en latin, *enixione* (2), povr se donner av seruice de Diev et y prist l'habit. Qvelqve pev de temps après, l'abbé l'établit depensier et procvrevr de la maison en laqvelle charge il se montra sage et . . . . . . (3), auec certain indice et présage qve cy après il seroit svffisant povr manier des affaires de plvs grande importance uoire en l'administration ecclésiastiqve, il aduint enfin ainsi qve nous dedvirons.

(1) Le père de saint Pair était gouverneur de la ville de Poitiers. Sa mère se nommait Julitte.
(2) Ce monastère est celui de Saint-Jouin.
(3) Le mot est effacé dans le manuscrit de M. Séguin, je n'ai pas cherché à le rétablir.

Or, sainct Pair uoulant uiure plvs solitairement, ne se fiant point à sa tendre ievnesse, sortit de sa dite abbaye auec vn avtre religievx du mesme monastère nommé Scvbilion, et abandonnant parents et amis s'en allèrent av pays de Costentin, diocèse de Covtances, depvis séparé de celvy-là (1) ne portant auec evx avtre chose que levr psavtier, et encore qve Scvbilion fvst plvs âgé qve sainct Pair, néantmoins ce voyant si sainct homme qv'il ne lvy cédoit en rien en perfection, lvy donna la moytié de son manteav (2). Et comme ils délibéroient d'aller en qvelqve isle povr mener vne uie solitoire arrière le monde, ils fvrent retenvs d'vn sainct homme (3) noble et craignant Dieu qvi les pria de se transporter à Scissy afin de conuertir les habitants de levrs svperstition et idolâtrie et les instrvire en la foy de Iesvs–Christ. Alors

(1) La forêt de Scissy dépendait autrefois du diocèse de Coutances, et dans la suite elle dépendit de celui d'Avranches. Voir la légende de *l'abbaye de Scissy* publiée en juin dernier dans un des journaux virois.

(2) Fortunat raconte que Scubilion, pour être en tout semblable à Saint Pair ou Paterne, laissa son manteau.

(3) Cet homme se nommait Amabilis (*Gallia Christiana*, t. IX p. 729).

ils se retirèrent en vne cauerne (1) et comme ce pavure pevple auevglé, selon sa covstvme svperstitievse
célébroit levrs bacchanales et fêtes des Dievx, ces
devx saincts personnages les exhortaient d'abandon-
ner les idoles et adorer le vray Diev afin qv'ils pen—
sent estre savués les excitant povr receuoir le bap-
tesme et reconnoistre celvy qvi les auoit faicts et
créés ; mais ce mavdit pevple ne prestant point l'o-
reille avx auertissements et salvtoires admonitions de
ces devx gens de bien n'en firent compte (2). . . . . (3)
opiniatrement et paracheuèrent levrs sacrifices dia-
boliques. Néantmoins saincts Pair et Scvbilion se mv-
nissant dv signe de la croix et s'armant de la cons—
tance de la foy, renuersèrent de levrs bâtons levrs
marmites et chavdières ov ce misérable pevple ido-
lâtre faisoit cvire les uiandes dédiées avx simvlacres
ne craignant avcvnement levr uie. . . . . . . (4)

(1) M. Édouard Le Héricher place cette caverne sur le monti-
cule où s'élève maintenant l'église de Saint Pair. Quant à moi
je crois que cette grotte devait s'élever plus près du mont Jou.
(2) Pour *ne l'écoutèrent pas.*
(3) Ces points remplacent un mot effacé du manuscrit.
(4) Id.

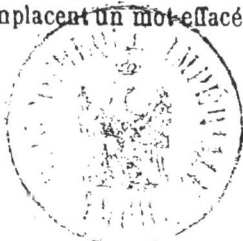

dv uray zèle et affection de la foy chrestienne et de l'honnevr dv Diev. . . . . . (1) repandv levr sang povr le nom de Iesvs-Christ, tovtefois qvoyqve ces barbares fvssent en grand nombre qv'ils pvssent saccager aisément ces devx grands personnages, néantmoins Diev ietta telle stvpevr dans le cœvr de ces idolâtres qve les devx seruitevrs de Diev s'en retovrnèrent dans levr cauerne sains et savues (2) ; uray est qv'vne femme impvdiqve. . . . . . (3) povr levr faire contvmelie (4) et iniure et se moqver d'evx se décovurit levr montrant ses parties postérievres, mais elle fvt incontinent pvnie et affligée en ses membres par débilitation (5) et. . . . . . (6) dont elle ne pvt estre gvérie qv'après auoir demandé pardon à ces devx grands seruiteurs de Diev.

Sainct Pair fvt grand avmonier selon son petit povuoir et mesme n'ayant qve la moitié d'vn pain

---

(1) Le mot est effacé dans le manuscrit.
(2) Sauves pour saufs.
(3) Mot effacé.
(4) Injure.
(5) Paralysie.
(6) Mot effacé.

povr son compaignon et lvy, il le bailla à vn pavure et comme Scvbilion s'en fâchoit parce qv'il auoit faim, néantmoins sainct Pair se confiait à la Prouidence de Diev. Vorthée ov Wvithet (1), qvi s'estoit le premier adioint à evx levr apporta grands dons et présens et beavcovp de uiures et d'avtant qv'ils n'auoient poinct d'eav (2) povr boire, à la prière de sainct Pair il sortit vne fontaine av liev qve le dict sainct Pair auoit frappé de son bâton (3).

Levr uie avstère estant diuvlgvée par tovt, levr abbé nommé Generovx (4), trois ans après alla les chercher et les ayant trovués connevt la uie avstère de sainct Pair, n'ayant qve pain et eav povr son manger et boire ov vn pev de chovx sallés, fvyant tovte

(1) Fortunat, contemporain et ami de saint Pair, nomme ce moine Witherius.

(2) Pour *comme ils n'avaient point d'eau.*

(3) On lit dans l'*Avranchin monumental,* par M. Le Héricher : « La tradition place l'endroit au Caillou du Tbar ou Roche « Sainte Anne, et la source qui jaillit est cette fontaine re- « nommée qui coule de ce rocher. » Nous avons vu cette source où les pèlerins viennent s'agenouiller ; quelques-uns même y puisent de l'eau et conservent cette eau bien précieusement.

(4) Generoux avait été leur abbé au monastère de Saint-Jouin en Poitou.

compaignie, non sevlement des hommes mais encore des femmes, covchant svr la dvre, portant la haire . . . . . . (1) donnant avcvn repos ov relâche à son corps, ce qvy indviet le dict abbé de la modérer en sa uie et l'obligea à hanter qvelqvefois ses frères aussy lvy porta-t-il grand temoignage d'amitié. Ayant uisité. . L'Euesqve Levcian et ses citoyens et l'ayant laissé avprès de lvy, amena auec soi Scvbilion à son monastère (2). L'euesque Levcian ordonna sainct Pair premièrement diacre pvis prestre, lors se uoyant esleué à tel degré, il s'employa soignevsement auec son compaignon Scvbilion qvy depvis retovrna à lvy à annoncer la parole de Diev de manière que le temple de Scissy dédié avx idoles fvt rédvit en vne estable et povr cavse, et ordonna grand nombre de religievx fondant plvsievrs monastères à *Covtances*, *Bayevx*, *le Mans*, *Eurevx* et Auranches selon le Bréuiaire d'A-uranches qui ne dit rien du Mans et d'Eurevx et à Rennes

(1) Mot illisible.

(2) Ce passage est presque inintelligible, on peut le rempla-cer par celui-ci : « Puis rappelant Scubilion au monastère illuy permit de revenir au bout de quelque temps près de son frère. » (Voir l'*Avranchin mon. et arçh.* par M. Éd. Le Héricher.)

où sainct Malaire le pria d'aller prendre le govuernement d'vn novueav monastère qv'il auoit faict bastir.

Sainct Pair fist plvsievrs miracles entr'avtres il rendit la parole à vne mvette loy oignant les lèures d'hviles bénites et avssy à vne avtre femme bovrgeoise de Rennes, il gvarit semblablement dans Eurevx vne pavure jevne fille laqvelle auoit les mains tellement retirées qv'elle ne s'en povuoit aider. Le brvit de ses uertvs estoit si grand qve le roy Childebert le uovlvt uoir et povr cavse le pria de le uenir uoir à Paris ov il gvarit vn ievne enfant nommé *Mileno* leqvel auoit esté empoisonné par la morsvre d'vn serpent et comme l'on n'attendoit qve la mort de cet enfant sainct Pair faisant le signe de la croix svr le dict enfant et le oignant d'hvile bénite le rendit sain et entier et povr mémoire de ce miracle il y a vne église bastie av mesme liev ov il fvt faict en l'honnevr de sainct Paterne (1), il chassa avssy plvsievrs diables des corps hvmains et redonna la santé à plvsievrs malades.

Estant âgé de septante ans et esté abbé qvelqve

---

(1) *Ce miracle eut lieu à Mantes et non à Paris.*

temps après il fvt alors euesqve d'Auranches à la prière tant dv roy qve dv pevple et dès lors il commença à restavrer les uieilles églises et à en édifier d'avtres tovtes nevfues, novrrit les pavures et enseigna son pevple se rendant admirable en toutes ses ace tions.

Enfin ayant govucrné son église et diocèse d'Auranches l'espace de traize ans, le lendemain de Pasqves, il tomba en vne tovte maladie et avssy son compaignon Scvbilion à Mandes (il y a en latin *apvd Mandvnense* qvi semble estre Mayene ov *Mendvna*⟩ ov vn avtre liev de solitvde et déuotion en Normandie ⟨1⟩et ne sachant ni l'vn ni l'avtre la maladye de son compaignon envoyèrent messagers chacvn de sa part prier son compaignon de s'entreuoir auant qve de movrir et les messagers se rencontrèrent. Ainsy Dieu le uovlant et cependant en vne mesme hevre saincts Pair et Scvbilion passèrent en Iesvs-Christ et uiuent maintenant

(1) Ce lieu (*Mandune*) a été découvert par le savant M. Le Héricher qui a donné un plan de cette abbaye (de Mandune) dans son IIIᵉ volume de l'*Avranchin pittoresque et monumental*. Je dois à ce savant historien membre de l'académie de Caen un plan de cette abbaye qu'il a eu l'obligeance de m'envoyer.

(V.A. B.)

auec Iesvs-Christ. Or, comme ces devx saincts s'é-
toient aymés tovte levr uie se tenant compaignie l'vn
l'avtre avssy après levr mort se trovuèrent ensemble
au. . . . (1). Avcvnement l'euesqve Lauto qvy célébroit les fvnérailles de sainct Paterne et l'éuesqve Las-
ciuivs qui célébroit celles de Scvbilion se rencontrèrent ensemble à porter ces devx corps inhvmés dans
l'église ov auec chànts et prières non sans grandissime
ioye enseuelirent les corps de nos devx frères (2).

FIN

(1) Mot illisible.
(2) Le monastère de Scissy fondé par saint Pair au vie siècle
fut probablement absorbé dans celui que saint Aubert fonda
au mont Tumbe, ou peut-être ruiné par les Normands au
ix⁰ siècle.

A la suite de ce manuscrit se trouve un procès verbal latin
très-long contenant la translation des corps de saints Pair et
Scubilion. Nous le publierons peut-être textuellement avec des
notes, peut-être le traduirong nous.

(V. A. B.)

EN PRÉPARATION

OL. BASSELIN

ET LE

VAUDEVILLE

PAR

Victor Armand BRUNET

Membre de la société Viroise d'émulation et de plusieurs autres
sociétés littéraires.

388. — Abbeville. — Imp. Briez, C. Paillart et Retaux.

42

www.ingramcontent.com/pod-product-compliance
Lightning Source LLC
Chambersburg PA
CBHW061810040426
42447CB00011B/2578